EL HOMBRE QUE LUCHÓ CON UN LEÓN

THE MAN WHO FOUGHT A LION

CÉSAR VIDAL

ILUSTRACIONES | ILLUSTRATIONS

PABLO BOENTE

Editorial JUCUM
P.O. Box 1138, Tyler, TX 75710-1138 U.S.A.
Correo electrónico: info@editorialjucum.com
Teléfono: +1(903) 882-4725
www.editorialjucum.com

Email: books@ywampublishing.com
Telephone: (425) 771-1153
www.ywampublishing.com

El hombre que luchó con un león / The Man Who Fought a Lion by César Vidal

Translated by Kadi Kool

Ilustración: Pablo Boente
Illustration: Pablo Boente

Segunda edición 2024
Second edition 2024

ISBN 978-1-57658-679-2

Impreso en Colombia
Printed in Colombia

www.nomos.co

La presente historia está basada en hechos reales.

This story is based on actual events.

–¿Qué es esa comitiva, padre? –preguntó David señalando con la mano diestra.

El padre clavó la mirada en el horizonte y, por un momento, se mantuvo en silencio. Luego respiró hondo y dijo:

–Es el cortejo que va a enterrar el corazón de un gran hombre.

–¿El corazón? –preguntó extrañado David–. No puede ser. Nunca se entierra el corazón por separado.

"Who are those people in the procession, Father?" asked David, motioning with his right hand.

His father stared toward the horizon and was quiet for a moment. Then he sighed deeply and said, "They are the entourage that will bury the heart of a great man."

"The heart?" asked David, perplexed. "That can't be. No one buries a heart separate from the body."

El padre sonrió y dijo:

–En este caso, sí. Hace tiempo que decidió que su cuerpo podía ser sepultado en el país donde nació, pero que su corazón debería permanecer para siempre en África.

–Pero ¿por qué, padre? –insistió David.

–Verás. . . ese hombre nació, hace muchos años, en un lejano lugar llamado Escocia. Era el segundo de una familia de seis hijos. Sus padres no tenían dinero, pero él trabajó con toda su alma para poder estudiar y graduarse como médico.

His father smiled and said, "In this case, yes. This man decided a long time ago that his body could be buried in the country where he was born, but his heart would remain forever in Africa."

"But why, Father?" David persisted.

"You see. . . this man was born many years ago in a faraway place called Scotland. He was the second of seven children. His parents didn't have much money, but he worked with all his heart to be able to study and graduate as a doctor."

–¿Y eso qué tiene que ver con. . .? –interrumpió David.

–Espera –le dijo el padre–. No te apresures. Cuando se convirtió en doctor, escuchó a un hombre hablar de la necesidad que existía de que los africanos escucharan el Evangelio y decidió venir a este continente. En 1843, fundó su primera misión en el valle de Mabotsa. Allí precisamente sucedió un episodio muy especial.

–¿Especial? –preguntó el niño–. ¿A qué te refieres?

"And what does that have to do with. . .?" David interrupted.

"Patience," his father said. "Don't be in such a hurry. When he became a doctor, he heard a man talk about the need for Africans to hear the Gospel, and he decided to come to this continent. In 1843, he founded his first mission in the Valley of Mabotsa. That's where something quite extraordinary happened."

"Extraordinary?" the boy asked. "What happened?"

—Pues verás, aquella tierra era maravillosa, pero, de repente, un grupo de leones comenzó a causar estragos. El doctor decidió entonces salvar a la gente de aquel peligro.

—¿De verdad? ¿Mató a todos?

—No era necesario —sonrió el padre—. Sabía que si se mataba a un león, el resto del grupo huiría para evitar correr la misma suerte. Estaba, por lo tanto, decidido a acabar con uno de ellos.

—¿Y fue solo?

Well, it was a wonderful land, but suddenly a group of lions began to wreak havoc in it. The doctor resolved to save the people from this danger."

"Really? Did he kill them all?"

"That wasn't necessary," his father said with a smile. "He thought that if he killed one lion, the rest of them would run away to avoid the same fate. So, he decided to get rid of just one."

"Did he go alone?"

–Quería cazarlo él solo –respondió el padre–, pero permitió que lo acompañaran uno de los nativos y su hijo pequeño. Sí, no te sorprendas. Aquel hombre quería que su hijo pudiera ver cómo cazaba el hombre blanco.

–No tardaron en dar con el grupo de leones –continuó el padre–, pero entonces, sin que nadie lo esperara, una de las fieras se lanzó sobre el doctor.

–¿Y qué hizo el doctor?

"He wanted to shoot the lion himself," his father answered, "but he let one of the natives and his little son accompany him." The man wanted his son to see how the white man hunted.

"They soon found the group of lions," his father continued, "but before they could do anything, one of the beasts launched himself at the doctor."

"What did the doctor do?"

–El doctor apuntó con su arma y le disparó, pero. . .

–Pero ¿qué? –preguntó impaciente el niño.

–Bueno, parecía que todo había sido muy fácil, pero cuando el doctor estaba cargando de nuevo su escopeta, el león, que solo estaba herido, se alzó del suelo y corrió enfurecido hacia él.

–¿Y qué pasó entonces?

–El león dio una dentellada al doctor en el brazo izquierdo que quedó triturado como si hubiera sido un trozo de pastel. Estaba a punto de rematarlo cuando se dio cuenta de que el nativo que iba con su hijo lo estaba apuntando. . .

He aimed his gun and shot him, but. . ."

"But what?" asked the boy impatiently.

"Well, it looked as if it had all ended very easily, but when the doctor was reloading his shotgun, the lion, who wasn't dead after all but only injured, sprang up and ran toward him in a maddened rage."

"And then what happened?"

"The lion tore a chunk out of the doctor's arm, mashing it like a piece of cake. He was about to kill the doctor when he realized that the child's father was taking aim at him. . ."

». . . Entonces el león se lanzó sobre aquel hombre y consiguió morderle en el muslo. Iba ya a lanzarse sobre el niño cuando, de repente, la fiera lanzó un rugido y se desplomó. Había perdido demasiada sangre ya como para poder seguir atacando.

–¡Menuda suerte la del niño!

–Sin duda, salvó la vida.

–¿Y se curó el doctor?

–A medias –respondió el padre–. El brazo izquierdo le quedó prácticamente inútil y sufría enormes dolores cada vez que tenía que levantarlo. Sin embargo, aquella desgracia tuvo consecuencias positivas.

. . . So the lion pounced on that man instead and bit him in the thigh. He then turned to attack the child, when all of a sudden he roared and collapsed. He had lost too much blood to keep attacking."

"How lucky for the child!"

"Yes, it saved his life."

"Did the doctor heal?"

"Not completely," his father replied. "His left arm remained practically useless and he suffered great pain whenever he had to lift it. Nevertheless, that unfortunate incident had a positive outcome."

–¿Qué quieres decir?

–Pues verás, como el doctor necesitaba convalecer de la herida, se dirigió a una población llamada Kuruman. Allí se reencontró con la hija de un amigo misionero. . . y se casó con ella.

»En los años siguientes –prosiguió el padre–, mientras llevaba la Biblia a aquellas tribus, el doctor descubrió el lago N'gami y el río Zambeze, desconocidos para la gente del continente europeo.

"What do you mean?"

"Well you see, since the doctor needed to recuperate from his injury, he went to a village called Kuruman. While there he met again the daughter of a missionary friend and married her.

"In the years that followed," the father continued, "while bringing the Bible to those tribes, the doctor discovered Lake Ngami and the Zambezi River, which were unknown to people from the European continent."

–En 1853, tras bordear el desierto del Kalahari, tuvo ocasión de ver la inmensa desgracia que significaba. . .

–¿Que significaba el qué, padre?

–La esclavitud. . .

–Con auténtico horror –continuó el padre–, vio cómo los portugueses pagaban los esclavos que otros africanos, de religión musulmana, capturaban. Aquella gente era arrancada de sus hogares por la fuerza para convertirse en cosas que podían ser compradas y vendidas.

In 1853, after skirting the edge of the Kalahari Desert, he witnessed the enormous tragedy of. . ."

"Of what, Father?"

"Slavery. . .

"Truly horrified," his father continued, "he watched the Portuguese buying slaves captured by other Africans who were Muslims. Those poor people had been wrenched from their homes to become objects that could be bought and sold."

»A pesar de caer enfermo durante sus viajes, de verse abandonado por sus compañeros, de ser atacado por indígenas, de sufrir una y otra vez peligros de muerte, el doctor continuó explorando África, hablando de Jesús y trabajando para acabar con la esclavitud.

»Así, por primera vez en la historia, atravesó África de sur a oeste.

Even though he fell ill during his trips, was abandoned by his comrades, endured attacks by indigenous people, and found himself time and again in danger for his life, the doctor continued to explore Africa, sharing about Jesus and working to end slavery.

"For the first time in history, he crossed Africa from the south to the west."

—Luego surcó el continente de oeste a este y descubrió unas cataratas extraordinarias a las que dio el nombre de Victoria en honor a la reina de Inglaterra. Solo entonces, tras dieciséis años de ausencia, decidió regresar a su tierra natal.

»Admirados de las hazañas del doctor, lo cubrieron con medallas y homenajes como el mayor viajero de la época. Otro hombre se habría quedado en el Reino Unido. . .

When he cut across from the west to the east, discovering remarkable waterfalls, he named them Victoria Falls in honor of the queen of England. Only then, after having been away for sixteen years, did he decide to return to his home country.

"He was celebrated for his astonishing exploits and showered with medals and tributes as the greatest traveler of the time. Any other man would have stayed in the United Kingdom."

–. . .Pero él decidió volver a África. Lo hizo en una expedición en la que iban su esposa y su hermano.

–¿Y por qué, padre?

–Porque había muchas tierras que descubrir, muchas iglesias que abrir, muchos esclavos que liberar. En 1858, partió de nuevo hacia África y descubrió el lago Nyasa, pero fue un viaje terrible –comentó con pesar el padre.

–¿Y eso?

But he decided to return to Africa. He came with an expedition that included his wife and brother."

"Why is that, Father?"

"Because there were many lands to discover, churches to establish, slaves to free. So, in 1858, he left for Africa.

"He discovered Lake Nyasa, but it was a terrible trip," his father said with deep sadness.

"How so?"

–Varios de sus acompañantes murieron por las duras condiciones del viaje. Incluso. . .

–¿Sí, padre?

–Incluso murió su esposa y tuvo que enterrarla con sus propias manos. Decidió entonces enviar de regreso a Europa a su hermano en julio de 1864, tras seis años de viaje, estaba de regreso en Londres, Inglaterra.

Many of the people on the trip died because of the hard conditions. Including. . ."

"Yes, Father?"

"Including his wife, whom he had to bury with his own hands. At that point, he decided to send his brother back to Europe.

"In July of 1864, after six years of traveling, he also went back to London, England."

–¿Y ya se quedó allí?

–No –dijo el padre mientras sonreía y acariciaba la cabeza del pequeño–. En 1866, se encontraba en Zanzíbar para comenzar su cuarto viaje por África.

»Una vez más, las condiciones eran tan duras que buena parte de sus porteadores huyó y difundió la noticia de que había muerto. Sin embargo, seguía adelante y descubrió el lago Liemba.

"Did he stay this time?"

"No," his father said as he smiled and stroked the little boy's head. "In 1866 he was in Zanzibar to start his fourth journey through Africa.

"Once again the conditions were so harsh that a large portion of his porters fled, spreading word that he had died. Nevertheless, he continued on and discovered Lake Liemba."

—Fue un gran logro, pero su salud se resintió. Durante un mes, estuvo entre la vida y la muerte.

»En apariencia, se recuperó, pero durante su ascenso hacia el lago Tanganika, volvió a caer enfermo. Se negó a retroceder y entonces hubo que llevarlo en una camilla.

This was a great achievement, but his health deteriorated, and for a whole month, he hovered between life and death.

"Then he seemed to recover, but during the ascent toward Lake Tanganyika, he fell ill again. He refused to turn back and they had to carry him on a stretcher."

»El doctor tenía la intención de descubrir el lugar donde nacía el río Nilo, pero su pésimo estado de salud lo impidió. A decir verdad, su aspecto era el de un esqueleto.

–Para entonces –continuó el padre su relato–, todos lo daban por muerto. Él mismo no creía que nadie pudiera acudir a socorrerlo. . . pero se equivocaba.

The doctor was determined to find the birthplace of the Nile River, but his terrible health prevented him. Indeed he looked like a skeleton.

"By then," the father continued his story, "everyone thought he was dead. He himself thought that no one would be able to come to his aid, but he was wrong."

–¿Quieres decir que alguien acudió en su ayuda? –preguntó vivamente interesado el niño.

–Sí –respondió el padre–, en octubre de 1870, un americano abandonó Bombay, en la India, para acudir en su socorro.

–¿Quién era ese americano, padre?

–Se llamaba Henry Morton Stanley y era reportero del New York Herald. Había decidido encontrar al hombre que llevaba años jugándose la vida en el continente africano.

"Do you mean that someone came to help him?" asked the boy with great interest.

"Yes," his father replied. "In October of 1870 an American set out from Zanzibar to find him."

"Who was this American?"

"His name was Henry Morton Stanley and he was a reporter for the *New York Herald*. He was sent to find the man who had spent years risking life and limb on the African continent."

–¿Y lo encontró, padre? –indagó el niño.

–Sí, hijo, lo encontró.

–¿Y qué se dijeron?

–Pues verás, Mr. Stanley lo miró y le dijo: «El Dr. Livingstone, supongo».

–¿Y qué le dijo el doctor?

–Le respondió: «Sí. Le doy las gracias y estoy aquí para darle la bienvenida».

"Did he find him, Father?" asked the boy.

"Yes, he found him."

"What did they say when they met?"

"Mr. Stanley looked at him and said, 'Dr. Livingstone, I presume?'"

"And what did the doctor say?"

"He replied, 'I feel thankful that I am here to welcome you.'"

–¿Y Stanley se quedó con él, padre?

–No. En realidad, quería que regresara a Inglaterra.

–¿Y lo hizo?

–No. El doctor no deseaba abandonar África por ninguna razón.

–Cuando se despidieron, el doctor Livingstone le dijo a Stanley que deseaba que Dios lo bendijera. Stanley le respondió que esperaba verlo con bien en Inglaterra, pero sabía que no sería así. Tras decir adiós, Stanley se volvió con rapidez para que no vieran que tenía los ojos llenos de lágrimas.

"Did Mr. Stanley stay with him, Father?"

"No. In fact he wanted Dr. Livingstone to return to England."

"Did he?"

"No, the doctor didn't want to leave Africa for any reason.

"When they said good-bye to each other, Dr. Livingstone told Stanley that he wanted God to bless him. Stanley replied that he hoped to see him well in England, but he knew that it wasn't to be. After saying good-bye Stanley turned quickly so that no one would see his eyes filling with tears."

–Stanley no se equivocó.

–¿Qué quieres decir, padre?

–El doctor decidió seguir adelante intentando impedir la trata de esclavos y descubrir nuevos lugares. Así, en medio de terribles lluvias torrenciales continuó su camino. Fue un trayecto espantoso. Todos los animales de carga murieron a causa de las picaduras de la mosca tsetse. . .

»Y cuando, el 29 de abril de 1873, el doctor llegó a Chitambo, él era presa de terribles dolores. Apenas llegaba a decir: *¡Oh dear, my dear!*

"And Stanley was right."

"What do you mean, Father?"

"The doctor decided to press on to stop the slave trade and discover new places. So in the middle of torrential rains, he continued his trek.

"It was a truly frightful journey. All the pack animals died from bites of the tsetse fly.

"When he arrived in Chitambo on April 29, 1873, he was overcome by terrible pains. He was barely able to talk."

–En la noche, del 30 de abril al 1 de mayo, sus colaboradores lo encontraron arrodillado al lado de su lecho. Tenía la cabeza inclinada y parecía estar orando.

–¿Qué le pedía a Dios? –preguntó el niño.

–Seguramente, solo estaban saludándose al encontrarse.

–¿Qué quieres decir?

–Sus asistentes descubrieron que había muerto mientras oraba. Entonces, obedeciendo sus órdenes, le sacaron el corazón para que fuera enterrado en esta tierra. Sí, hijo, su cuerpo irá a su país, pero su corazón siempre quedará en esta tierra.

During the early morning of May 1, his attendants found him kneeling by his bed. His head was bowed and he seemed to be praying."

"What was he praying to God?" the boy asked.

"He was probably greeting Him as he met Him."

"What do you mean?"

"The attendants realized that he had died while praying. Then, following his directive, they took out his heart to bury it in this land. Yes, my son, his body will go to his home country, but his heart will always stay here."

El niño sintió un nudo en la garganta al oír a su padre.

–Para muchos, quizás, fue una decisión extraña, pero no lo es. El doctor dijo: «No valoro nada de lo que tengo o pueda poseer, salvo aquello que está unido al reino de Cristo. Dejaré o conservaré lo que sea, con tal de avanzar el reino y glorificar a Aquel al que le debo todo en el tiempo y en la eternidad».

The boy felt a lump in his throat as he listened to his father.

"Probably many people will think it is a strange decision, but it isn't. The doctor said, 'I will place no value on anything I have or may possess except in relation to the kingdom of Christ. If anything will advance the interests of the kingdom, it shall be given away or kept, only as by giving or keeping it I shall most promote the glory of Him to whom I owe all my hopes in time or eternity.'"

El muchacho quedó pensativo. Preguntó:

–Padre, ¿cómo se llamaba ese hombre?

–Su nombre era David.

–¿Cómo yo? –exclamó sorprendido.

–Sí –respondió el padre–. Como tú. Era lo menos que podía hacer por el hombre que me salvó de ser devorado por un león.

The boy was pensive. Finally he asked, "Father, what was this man's first name?"

"His name was David."

"Like me?"

"Yes," his father replied, "Like you. It was the least I could do for the man who saved me from the lion."

El Dr. César Vidal es un escritor, historiador y comunicador estadounidense de origen español. Autor de libros de historia, biografías, ensayos, novelas y obras de teatro, ha dedicado buena parte de su labor a la literatura infantil y juvenil. En esa área literaria, ganó el Premio Jaén –el más importante de la literatura juvenil en España– y ha figurado varias veces en la lista de honor del premio CCEI. Ha escrito series de libros infantiles y juveniles como *Aventuras de ayer* y *Dilaf el sabio* y ha sido traducido a una decena de idiomas como el italiano, el francés, el ruso, el georgiano o el coreano.

Dr. César Vidal is an American writer, historian and communicator of Spanish origin. Author of history books, biographies, essays, novels and plays, He has dedicated a good part of his work to children's and youth literature. In this literary area, he won the Jaén Prize, the most important for youth literature in Spain, and has been featured on the CCEI award honor roll several times. He has written series of books for children and young people such as Aventuras de ayer and Dilaf el sabio and has been translated into a dozen languages such as Italian, French, Russian, Georgian, and Korean.

NOTAS

NOTAS